VENTE
Des 23 et 24 Avril 1914
HOTEL DROUOT, SALLE N° 1
A 2 HEURES

ANCIENNES

PORCELAINES DE LA CHINE

ET DU JAPON

Provenant du Château de Gaibach (Bavière)

COMMISSAIRE-PRISEUR
Mᵉ HENRI BAUDOIN
EXPERTS
MM. MANNHEIM

CATALOGUE

DES

Porcelaines de la Chine

ET DU JAPON

VASES, PLATS, ASSIETTES, ETC.

Des Époques Kang-shi, Kien-lung, et autres

FAIENCES

TENTURE CHENILLÉE DU TEMPS DE LOUIS XVI

Provenant du Château de Gaibach (Bavière)

ET DONT LA VENTE AURA LIEU A PARIS

HOTEL DROUOT, SALLE N° 1

LES JEUDI 23 ET VENDREDI 24 AVRIL 1914

A deux heures

COMMISSAIRE-PRISEUR

Mᵉ HENRI BAUDOIN

10, rue de la Grange-Batelière

EXPERTS

MM. MANNHEIM

7, rue Saint-Georges

EXPOSITION PUBLIQUE

Le Mercredi 22 Avril 1914, de 2 heures à 6 heures

CONDITIONS DE LA VENTE

Elle sera faite au comptant.

Les adjudicataires paieront *dix pour cent* en sus des enchères.

ORDRE DES VACATIONS

Le Jeudi 23 Avril

Porcelaines de la Chine et du Japon. . . . . 1 à 118

Le Vendredi 24 Avril

Porcelaines de la Chine et du Japon (Fin des). . 119 à 219
Faïences. . . . . 220 à 223
Tenture 224

Paris. — Imp. de l'Art, Ch. Berger, 41, rue de la Victoire.

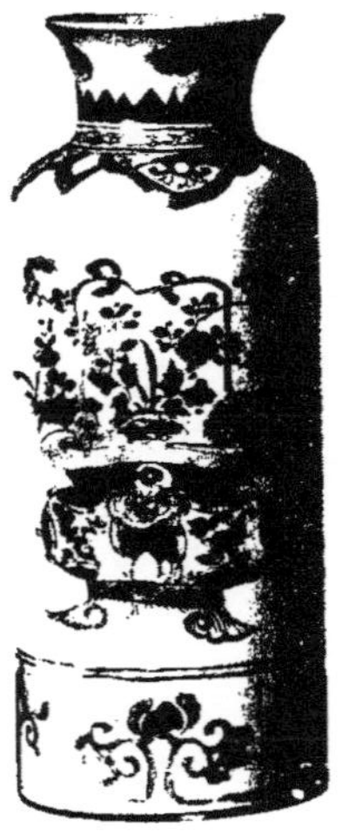
1

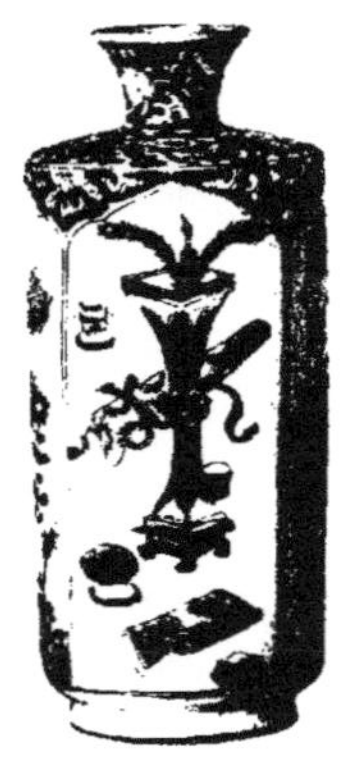
70

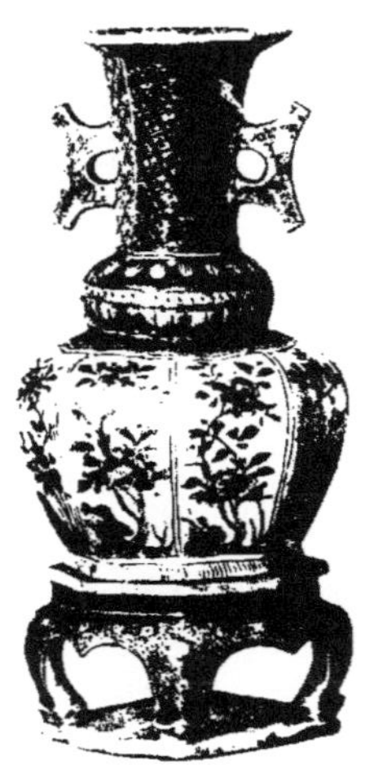
74

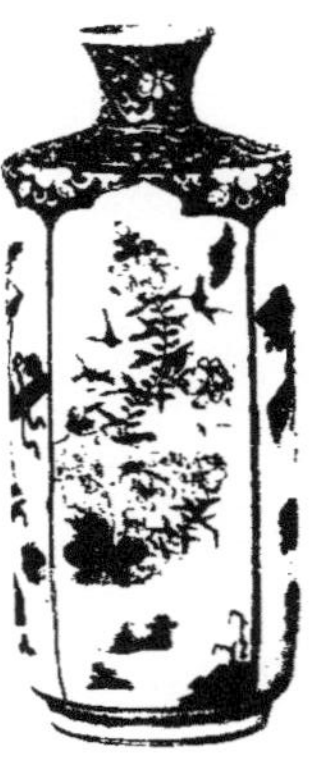
70

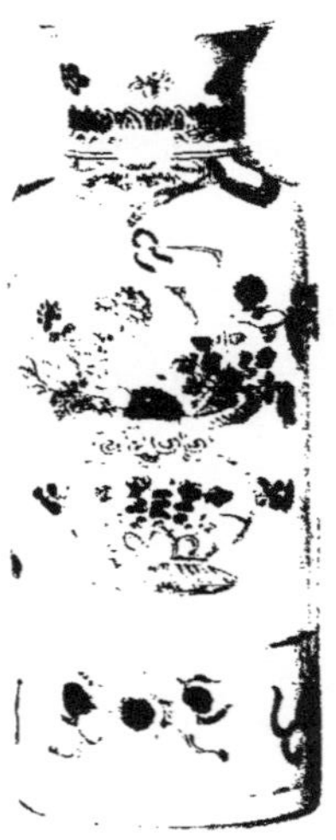
1

Total 189 265

DÉSIGNATION

PORCELAINES

DE LA CHINE ET DU JAPON

1 — Deux petits vases, à panse cylindrique, en ancienne porcelaine de Chine, décorés chacun de deux paniers fleuris et de lambrequins à l'épaulement. 1220.

2 — Deux petites bouteilles, à goulot renflé, ancienne porcelaine de Chine; décor de rochers fleuris et de fleurs semées. 940.

3 — Trois petites potiches, avec couvercles et un cornet, ancienne porcelaine de Chine; décor de rinceaux fleuris réservés sur fond rouge de fer. 9500.

4 — Trois petits vases, forme potiche, et un petit cornet, ancienne porcelaine de Chine, décorés de compartiments contenant des personnages et des vases fleuris. 1500.

5 — Sept petits vases, à panse cylindrique, décorés de vases fleuris et d'ustensiles. Ancienne porcelaine de Chine. 1720

6 — Six petites bouteilles, variées de dimensions, en porcelaine de Chine, décorées chacune de trois chimères en couleurs sur fond blanc.

7 — Deux petits vases côtelés en porcelaine de Chine, avec anses chimériques; décor d'arbustes en fleurs, de roseaux et de branchages fleuris en bleu.

8 — Garniture de cinq pièces : trois potiches avec couvercles et deux vases à anses-têtes d'éléphants, même porcelaine ; décor de paysages et de rochers fleuris en bleu.

9 — Petit vase, même porcelaine, décoré de vases et d'ustensiles en dorure sur fond bleu.

10 — Cornet, à renflement médian, même porcelaine, décoré en bleu de rochers, bambous et arbustes en fleurs avec oiseaux, rinceaux et larges feuilles.

11 — Petit vase côtelé, forme persane, même porcelaine, décoré en bleu de branchages fleuris, avec feuilles au col.

12 — Petit vase-rouleau, même porcelaine, décoré en bleu d'un paysage animé de six personnages.

13 — Deux vases, avec trois couvercles, même porcelaine, décorés en bleu de paysages maritimes montagneux animés.

14 — Trois vases, avec deux couvercles, même porcelaine, décorés en bleu de compartiments : personnages dans des paysages maritimes.

15 — Fontaine cylindro-conique, même porcelaine, décorée en bleu d'oiseaux et de branchages fleuris ; monture, couvercle, robinet et pieds en cuivre gravé et doré.

16 — Deux petits cornets, à renflement médian, ancienne porcelaine de Chine, décorés de vases de fleurs et d'ustensiles en bleu.

17 — Deux pots ovoïdes, avec couvercles, décorés en bleu du Christ en croix, deux fois répété, placé au milieu de rinceaux fleuris. Porcelaine de Chine.

18 — Cinq petits vases-rouleaux, avec couvercles, à col étroit, émaillés bleu et gravés de branchages et d'oiseaux. Même porcelaine.

19 — Deux sucriers, avec un couvercle, même porcelaine, décorés en bleu de vases et d'ustensiles.

20 — Deux petits vases-rouleaux, même porcelaine, décor de paysages maritimes animés en dorure et rouge.

21 — Trois petits vases-rouleaux, même porcelaine, décorés de rinceaux fleuris en dorure et rouge.

22 — Deux cruches variées, ancienne porcelaine de Chine, décorées en bleu de lambrequins, rinceaux fleuris et motifs réguliers ; décor à froid ajouté postérieurement.

23 — Deux bouteilles, ancienne porcelaine de Chine ; décor en bleu de compartiments à vases de fleurs, paysages et personnages ; décor en dorure d'époque postérieure.

24 — Six bouteilles de dimensions variées, cols à double et triple renflement, décorées de lambrequins en bleu à la partie supérieure et émaillées capucin à la partie inférieure. Ancienne porcelaine de Chine.

25 — Cinq vases en ancienne porcelaine de Chine, à couverte imitant le bronze, avec traces de décor à fleurs et oiseaux.

26 — Cinq petits vases, à col évasé, en ancienne porcelaine de Chine, décorés chacun de trois réserves sur la panse, et de deux au col, contenant des vases, des ustensiles et des fleurs sur fond bleu fouetté.

27 — Six bouteilles, à col légèrement renflé, en ancienne porcelaine de Chine, décorées chacune de trois réserves à vases et ustensiles sur fond bleu fouetté.

28 — Deux bouteilles, à panse sphérique et col évasé, en ancienne porcelaine de Chine, décorées en bleu de deux réserves à vases et ustensiles sur la panse et de deux autres réserves, bambous et oiseaux, sur le col ; fond imbriqué et quadrillé.

29 — Six petits vases cylindriques en ancienne porcelaine de Chine, décorés en bleu de branchages fleuris et lambrequins.

30 — Trois petites bouteilles, avec renflement au col, en ancienne porcelaine de Chine, décorées en bleu de rinceaux feuillagés et branchages fleuris, avec rehauts de dorure d'époque postérieure.

31 — Trois petits vases cylindriques en ancienne porcelaine de Chine, décor bleu de vases fleuris et d'ustensiles, avec décor à froid d'époque postérieure.

32 — Deux petites potiches et trois cornets en ancienne porcelaine de Chine, décorés de compartiments de fleurs en bleu, avec rehauts de dorure et décor à froid ajoutés postérieurement.

33 — Trois petits pots côtelés, avec deux couvercles, en ancienne porcelaine de Chine, décorés en bleu de deux zones de feuillages ainsi que de vases et d'ustensiles ; rehauts de dorure d'époque postérieure.

34 — Quatre grandes tasses, munies chacune de deux anses, décorées en dorure sur fond bleu fouetté.

35 — Cinq petits vases-rouleaux, variés de dimensions, en ancienne porcelaine de Chine émaillée bleu clair à feuillages gravés sous couverte et surdécorés à froid.

36 — Six petits vases-rouleaux, variés de dimensions, en ancienne porcelaine de Chine, décorés en bleu de zones de rinceaux et de dragons dans les flots.

37 — Deux grosses potiches, avec couvercles, en ancienne porcelaine de Chine, décorées de compartiments en dorure : paysages, personnages, branchages fleuris, etc., sur fond bleu fouetté.

38 — Autre, analogue, coupée par le milieu.

39 — Deux vases en ancienne porcelaine de Chine, décorés de compartiments en dorure à fleurs sur fond bleu fouetté.

40 — Deux grands cornets, à renflement, décorés en bleu de compartiments symétriques contenant des rochers fleuris. Ancienne porcelaine de Chine.

41 — Petite bouteille en ancienne porcelaine de Chine, décorée en bleu de vases et d'ustensiles sur la panse, avec feuillages au col.

42 — Petite potiche et petit cornet, légèrement variés, en ancienne porcelaine de Chine, décorés en bleu d'une zone d'ustensiles placée au-dessus de lambrequins et motifs réguliers.

43 — Petite potiche en ancienne porcelaine de Chine, décorée en bleu de larges lambrequins ornés de feuillages.

44 — Petit vase-rouleau en ancienne porcelaine de Chine, décoré, en bleu, de lambrequins, ustensiles et feuilles.

45 — Petit vase en ancienne porcelaine de Chine, à feuillages gaufrés sous couverte, décoré à froid de rinceaux fleuris.

46 — Petit vase-rouleau en ancienne porcelaine de Chine émaillée bleu fouetté, avec compartiment à branchages fleuris et oiseaux en dorure.

47 — Petit vase-rouleau en ancienne porcelaine de Chine, décoré en bleu de réserves à paysages animés, oiseaux et animaux sur fond bleu fouetté.

48 — Deux petites bouteilles en ancienne porcelaine de Chine, décorées en bleu de motifs réguliers à fleurs.

49 — Deux petites potiches en ancienne porcelaine de Chine, décorées de quatre réserves à décor de rochers fleuris en bleu, sur fond bleu fouetté.

50-51 — Six flacons-aspersoirs, variés, décor de chrysanthèmes, lambrequins et motifs réguliers en bleu. Ancienne porcelaine de Chine.

52 — Deux flacons-aspersoirs en ancienne porcelaine de Chine, décor bleu et brun uni.

53 — Trois flacons-aspersoirs en ancienne porcelaine de Chine, décor d'ustensiles et motifs réguliers en bleu, avec culot réservé en jaune clair.

54 — Deux petits vases en ancienne porcelaine de Chine, décor d'ustensiles, lambrequins et rosaces fleuries ; décor en dorure d'époque postérieure.

55 — Quatre petits vases en ancienne porcelaine de Chine, décorés de vases fleuris et d'ustensiles.

56 — Deux petites potiches, à panse aplatie, avec un couvercle, en ancienne porcelaine de Chine, décor de rochers fleuris.

57 — Deux petites potiches, avec couvercles, à panse côtelée en spirales, en ancienne porcelaine de Chine, décor de branchages fleuris en bleu, avec surdécor polychrome.

58 — Trois vases, à six pans, forme balustre, en ancienne porcelaine de Chine, décorés de vases et de rochers fleuris, d'ustensiles et de fleurs.

59 — Deux potiches, avec couvercles, en ancienne porcelaine de Chine, décorées en bleu de réserves à rochers fleuris avec oiseaux et lambrequins et de zones de fleurs.

60 — Trois petits monuments, variés, en forme de rochers, avec habitations et personnages, en ancienne porcelaine de Chine.

61 — Neuf plats en ancienne porcelaine de Chine, décorés de vases fleuris et d'ustensiles variés au fond ; au marli, six réserves à fleurs, poissons, écrevisses, etc., séparées par des carrelages.

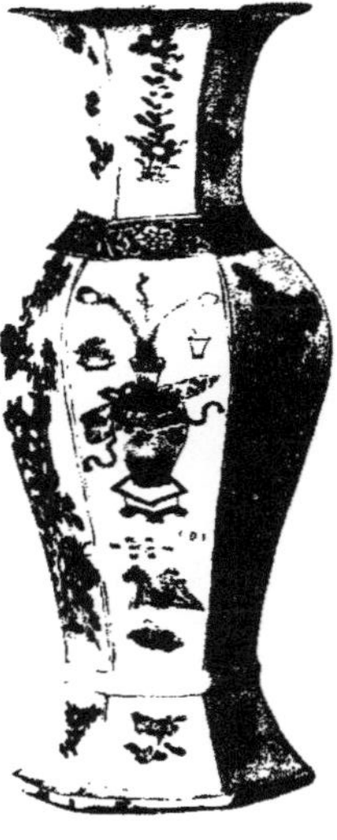

65 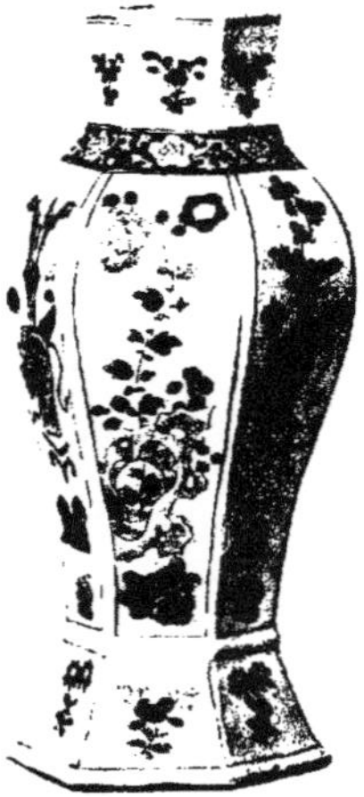 65 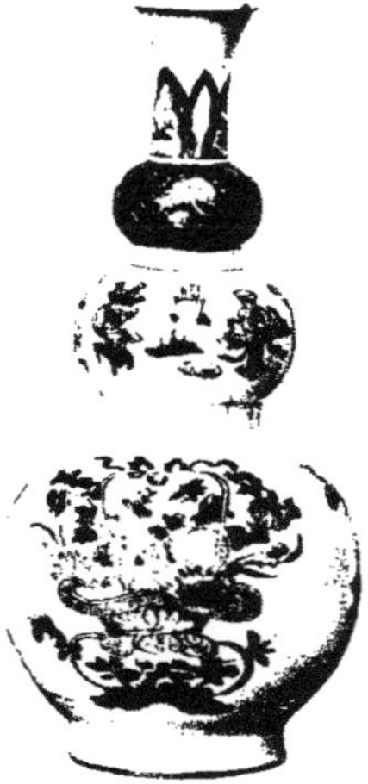 72 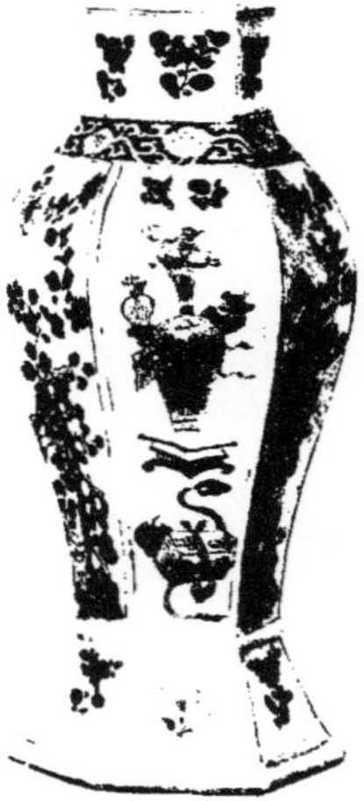 65 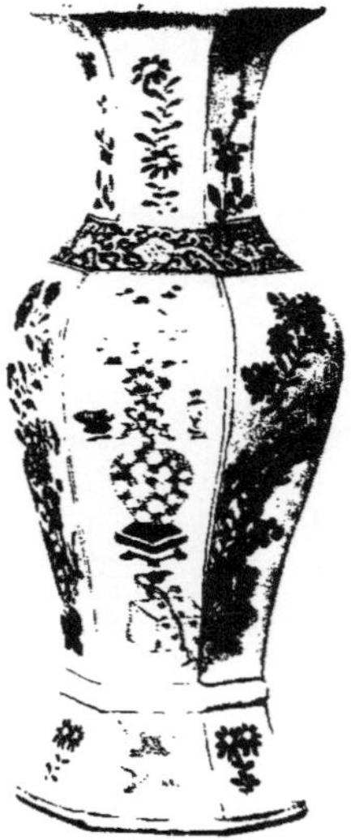 65

62 — Dix plats, variés de dimensions, et huit assiettes en ancienne porcelaine de Chine, décorés chacun d'un arbre fleuri au fond et de quatre petites grappes de fleurs au marli.

63 — Trois petits plats en ancienne porcelaine de Chine, décorés d'une haie, de rochers et de bambous en fleurs avec oiseaux.

64 — Plat creux en ancienne porcelaine de Chine, époque des Ming, décoré de fleurs semées dans un carrelage et de zones de lambrequins, de carrelages et de fleurs.

65 — Quatre petites potiches et deux cornets, à six pans, en ancienne porcelaine de Chine, époque Kang-shi, décorés de vases, d'ustensiles et de rochers fleuris, avec zones de rinceaux fleuris réservées en blanc sur fond rouge à l'épaulement.

66 — Deux écuelles, munies d'anses et accompagnées d'un couvercle, en ancienne porcelaine de Chine, époque Kang-shi ; décor de compartiments fleuris.

67 — Trois petits vases, forme potiche, à goulot étroit, en ancienne porcelaine de Chine, époque Kang-shi, décorés de vases fleuris, de papillons et de lambrequins.

68 — Deux petites potiches, avec couvercles, de forme côtelée, en ancienne porcelaine de Chine, époque Kang-shi; décor de rochers et d'arbustes en fleurs.

69 — Quatre bouteilles, à panse aplatie et col évasé, en ancienne porcelaine de Chine, époque Kang-shi, décorées de compartiments contenant des ustensiles avec bambous au col ; décor en dorure d'époque postérieure.

70 — Six petits vases, de forme cylindrique, en ancienne porcelaine de Chine, époque Kang-shi, décorés de compartiments contenant des rochers fleuris et des ustensiles, avec zones de rinceaux fleuris à l'épaulement.

71 — Deux petits vases, à panse cylindrique, en ancienne porcelaine de Chine, époque Kang-shi, décorés chacun de trois jardinières contenant des branchages en fleurs.

72 — Bouteille, avec col à double renflement, en ancienne porcelaine de Chine, époque Kang-shi ; décor de paniers de fleurs, d'ustensiles, de rinceaux fleuris et de petits lambrequins.

73 — Petit vase, à goulot évasé, en ancienne porcelaine de Chine, époque Kang-shi, décoré de deux réserves contenant des vases et des ustensiles sur fond rouge de fer, avec rinceaux fleuris réservés en blanc.

74 — Petit vase, à huit pans, muni au col de deux anses et reposant sur un support à quatre pieds, en ancienne porcelaine de Chine, époque Kang-shi ; décor de rochers fleuris et quadrillés.

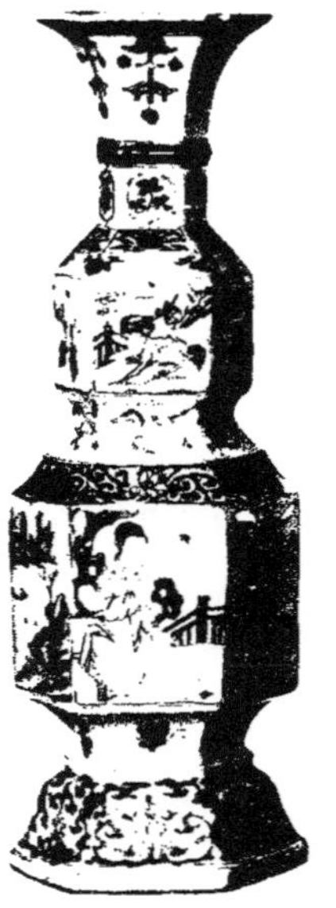

76

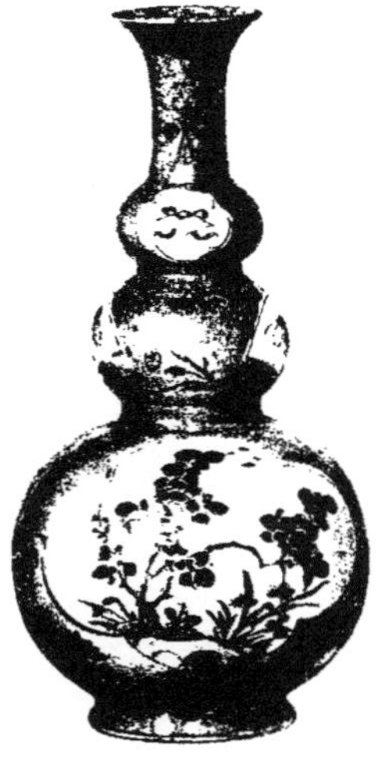

77

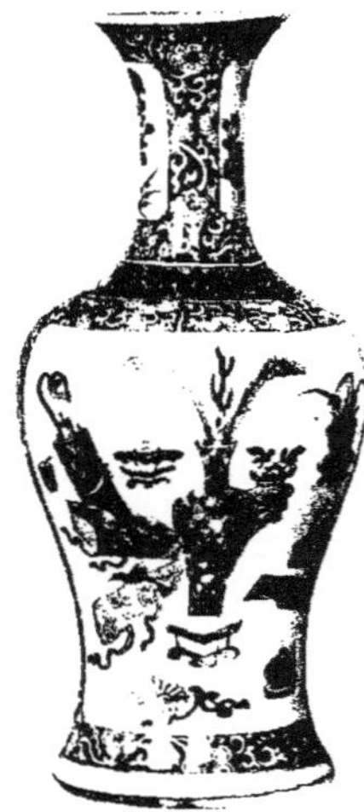

73

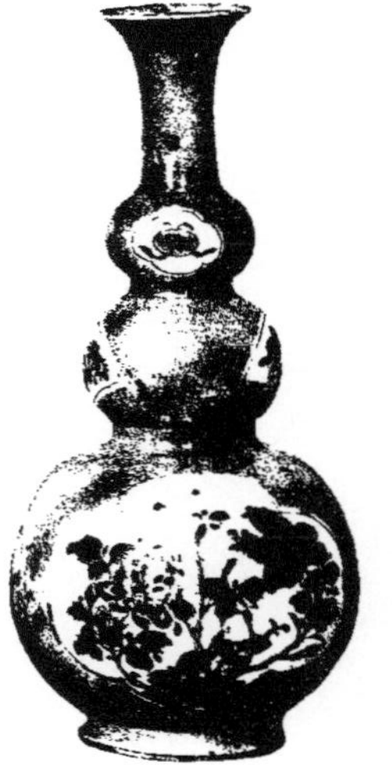

77

76

75 — Deux théières, en forme de vase à six pans, en ancienne porcelaine de Chine, époque Kang-shi, décorées d'animaux chimériques dans des paysages, de fleurs et d'attributs.

76 — Deux vases, à six pans, en ancienne porcelaine de Chine, époque Kang-shi, décorés de personnages, d'ustensiles, de chevaux, de petits paysages, etc.

77 — Deux bouteilles, avec col à double renflement, en ancienne porcelaine de Chine, époque Kang-shi ; décor de réserves à rochers fleuris sur fond bleu fouetté ; dorure d'époque postérieure.

78 — Six plats, à bords festonnés, en ancienne porcelaine de Chine, époque Kang-shi, décorés au fond d'un vase fleuri entouré de réserves rayonnantes à fleurs.

79 — Deux petits plats creux en ancienne porcelaine de Chine, époque Kang-shi, décorés de quatre compartiments rayonnants contenant des chimères, des volatiles, des cerfs, etc., dans des paysages.

80 — Six plats creux en ancienne porcelaine de Chine, époque Kang-shi, décorés au fond d'ustensiles et à la chute de huit compartiments rayonnants contenant des emblèmes.

81 — Trois plats creux en ancienne porcelaine de Chine, décorés chacun d'une rosace au fond et de zones de rinceaux à gros fruits et fleurs. Époque Kang-shi.

82 — Six plats creux en ancienne porcelaine de Chine, décorés d'une réserve centrale ajourée et de six réserves en forme de fruits contenant des personnages, des ustensiles, des oiseaux et des fleurs sur fond rouge. Époque Kang-shi.

83 — Deux plats en ancienne porcelaine de Chine, époque Kang-shi, décorés de kilin et de fong-hoang dans un paysage ; marli à six petites réserves fleuries sur fond carrelé.

84 — Plat en ancienne porcelaine de Chine, époque Kien-lung, décoré d'un rouleau déplié, d'un vase fleuri et de fleurs avec lambrequins; fleurs au marli.

85 — Grand plat, petit plat et cinq assiettes, à bords festonnés, en ancienne porcelaine de Chine, époque Kien-lung, décorés, au fond, de grosses fleurs, et, au marli, de lambrequins fleuris.

86 — Six grands plats, en deux dimensions, deux petits plats et trois assiettes en ancienne porcelaine de Chine, époque Kien-lung, décorés, au fond, de rouleaux dépliés et de branches fleuries et, au marli, de lambrequins carrelés ou vermiculés.

87 — Deux plats creux, variés, en porcelaine du Japon, décorés, en bleu, rouge, vert et or, d'une haie fleurie au fond et à la chute de quatre réserves en forme de fruits contenant des fleurs et des habitations.

88 — Neuf plats en porcelaine du Japon, décorés, en bleu, rouge et or, d'un vase de fleurs au fond, de vases fleuris et de chrysanthèmes au marli.

89 — Deux plats creux en porcelaine du Japon, décorés, en bleu, rouge et or, au fond, d'un écusson entouré de feuillages et de huit compartiments rayonnants; chute ornée d'oiseaux, de fleurs, de personnages et de carrelages.

90 — Deux petits plats en porcelaine du Japon, décorés, en bleu, rouge, vert et or, d'un paysage montagneux avec habitations au fond, de compartiments à vases de fleurs et paysages à la chute.

91 — Trois plats creux, en deux dimensions, en porcelaine du Japon, décorés, en bleu, rouge et or, d'arbustes en fleurs au fond et de quatre réserves à fleurs et paysages à la chute.

92 — Deux potiches, avec couvercles, en porcelaine du Japon, décorées, en bleu, rouge, vert et or, de compartiments contenant des chrysanthèmes, de grosses rosaces, et d'animaux chimériques.

93 — Deux petits vases en porcelaine du Japon, décorés de branchages fleuris et de larges lambrequins à l'épaulement.

94 — Deux bouteilles en porcelaine du Japon, décorées, en rouge et or, de branches de chrysanthèmes, avec petites zones à fleurs en dorure sur fond rouge à l'épaulement.

95-96 — Treize petits gobelets sur piédouche en porcelaine du Japon, décorés de rinceaux fleuris, en bleu, rouge et or.

97 — Tasse avec couvercle et trois théières, en porcelaine du Japon, décor bleu, rouge et or, de feuillages, rochers, fleurs, etc.

98 — Deux petits cornets, de forme aplatie, en porcelaine du Japon, décorés, en bleu, rouge et or, de rochers fleuris en léger relief.

99 — Plateau rond, décoré, en bleu, rouge, vert et or, de branchages fleuris; il est destiné à recevoir neuf tasses. Porcelaine du Japon.

100 — Deux grosses potiches et deux cornets en porcelaine du Japon, décorés, en bleu, rouge et or, de rochers fleuris et de zones de feuillages avec fleurs en relief.

101 — Grosse potiche et cornet en porcelaine du Japon, décorés, en bleu, rouge et or, de compartiments avec habitations et personnages sur fond doré chargé de fleurs.

102 à 110 — Trente-trois statuettes et groupes, variés de dimensions, en porcelaine du Japon. (Seront divisés.)

111 à 118 — Vingt-deux plats creux, variés de dimensions, en porcelaine du Japon, décor bleu, rouge et or ; au fond, des branchages fleuris et des chrysanthèmes ; à la chute, quatre réserves, à paysages montagneux séparés par des feuillages et des oiseaux ; revers orné de branchages fleuris.

119 — Trois grands plats en ancienne porcelaine du Japon, décorés, au fond, d'habitations et volatiles et, à la chute, de rinceaux fleuris.

120 — Deux grands plats en ancienne porcelaine du Japon, décorés, en bleu, rouge et or, d'un vase de fleurs au fond et de compartiments à la chute contenant des bambous et des arbustes.

121 — Six petites potiches, avec trois couvercles, en ancienne porcelaine du Japon, décorées, en bleu, rouge et or, de branches fleuries, avec montants et zones à fleurs sur fond noir.

122 — Quatre bouteilles en ancienne porcelaine du Japon, ornées chacune sur l'épaulement d'une chimère en relief, décorée en bleu et or.

123-124 — Douze bouteilles, variées, en ancienne porcelaine du Japon, décorées, en bleu, rouge, vert et or, de compartiments contenant des rochers fleuris et des fleurs.

125 — Deux petites bouteilles en ancienne porcelaine du Japon, à décor de rochers, bambous fleuris, fleurs et oiseaux.

126 — Quatre plats creux, en deux dimensions, en ancienne porcelaine du Japon, décorés, en bleu, rouge et or, de rosaces fleuries au fond, entourées de quatre réserves à fleurs et paysages.

127 — Deux plats creux en ancienne porcelaine du Japon, décorés, en bleu, rouge, vert et or, au fond, d'un vase fleuri et, à la chute, de paysages avec habitations et de fleurs.

128 à 130 — Quatorze plats, en trois dimensions, en ancienne porcelaine du Japon, décorés, en bleu, rouge et or, de paysages avec habitations et volatiles ; au marli, des rinceaux en dorure et des fleurs.

131 — Huit plats creux, en trois dimensions, en ancienne porcelaine du Japon, décorés, en bleu, rouge, vert et or, au fond, d'un vase de fleurs placé entre deux haies fleuries et, au marli, de trois réserves contenant des oiseaux, des chimères et des papillons sur fond doré.

132 — Deux plats creux en ancienne porcelaine du Japon, décorés, au fond, de branchages fleuris et, à la chute, de douze compartiments rayonnants contenant des oiseaux et des fleurs.

133 — Trois plats creux, en deux dimensions, en ancienne porcelaine du Japon, décorés, en bleu, rouge, vert et or, au fond, de deux vases fleuris, et à la chute, de trois réserves à paysages séparés par des branchages fleuris sur fond noir ; revers ornés de branchages fleuris. 490.

134 à 136 — Huit plats, variés de dimensions, en ancienne porcelaine du Japon, décorés, en bleu, rouge et or, au fond, d'un paysage montagneux et, à la chute, de trois réserves à paysages animés.

137 — Deux plats creux en ancienne porcelaine du Japon, décorés, au fond, d'une corbeille de fleurs et de petites réserves et, au marli, de personnages, de bœufs et de chevaux.

138 à 144 — Environ trente pièces : petits vases, potiches, bouteilles, gobelets, etc., en porcelaines de la Chine et du Japon. (Seront divisées.)

145 à 156 — Fort lot de coupes et bols, variés de décors et de dimensions, avec ou sans couvercle, en porcelaines de la Chine et du Japon. (Seront divisés.)

157 à 171 — Fort lot de tasses et soucoupes, variées, en porcelaines de la Chine et du Japon.

172 à 201 — Très fort lot de petites potiches, cornets, vases, en porcelaines de Chine à décors variés. (Sera divisé.)

202 à 216 — Fort lot de plats, compotiers et assiettes, en ancienne porcelaine de Chine et porcelaine du Japon, à décors variés. (Sera divisé.)

217 à 219 — Neuf chiens de Fô en céramique chinoise.

FAIENCES

220 — Grosse potiche, avec couvercle, et cornet à col renflé, en ancienne faïence de Delft, décorés en bleu d'enfants placés dans des groupes de branchages fleuris, avec oiseaux, animaux, lambrequins et fleurs sur le reste de ces pièces.

221 — Quatre présentoirs, variés, en ancienne faïence hollandaise ; décor bleu de fleurs et volatiles.

222 — Cornet avec couvercle, deux vases et deux bouteilles : décor de vases de fleurs et lambrequins. Faïence hollandaise.

223 — Assiette en faïence, décor bleu avec rehauts de dorure dans le goût chinois.

TENTURE

224 — Importante tenture, composée de cinq panneaux, en satin blanc chenillé, à décor de corbeilles de fleurs, branchages fleuris, nœuds de rubans, coupes et vases de fruits, etc. Époque Louis XVI.

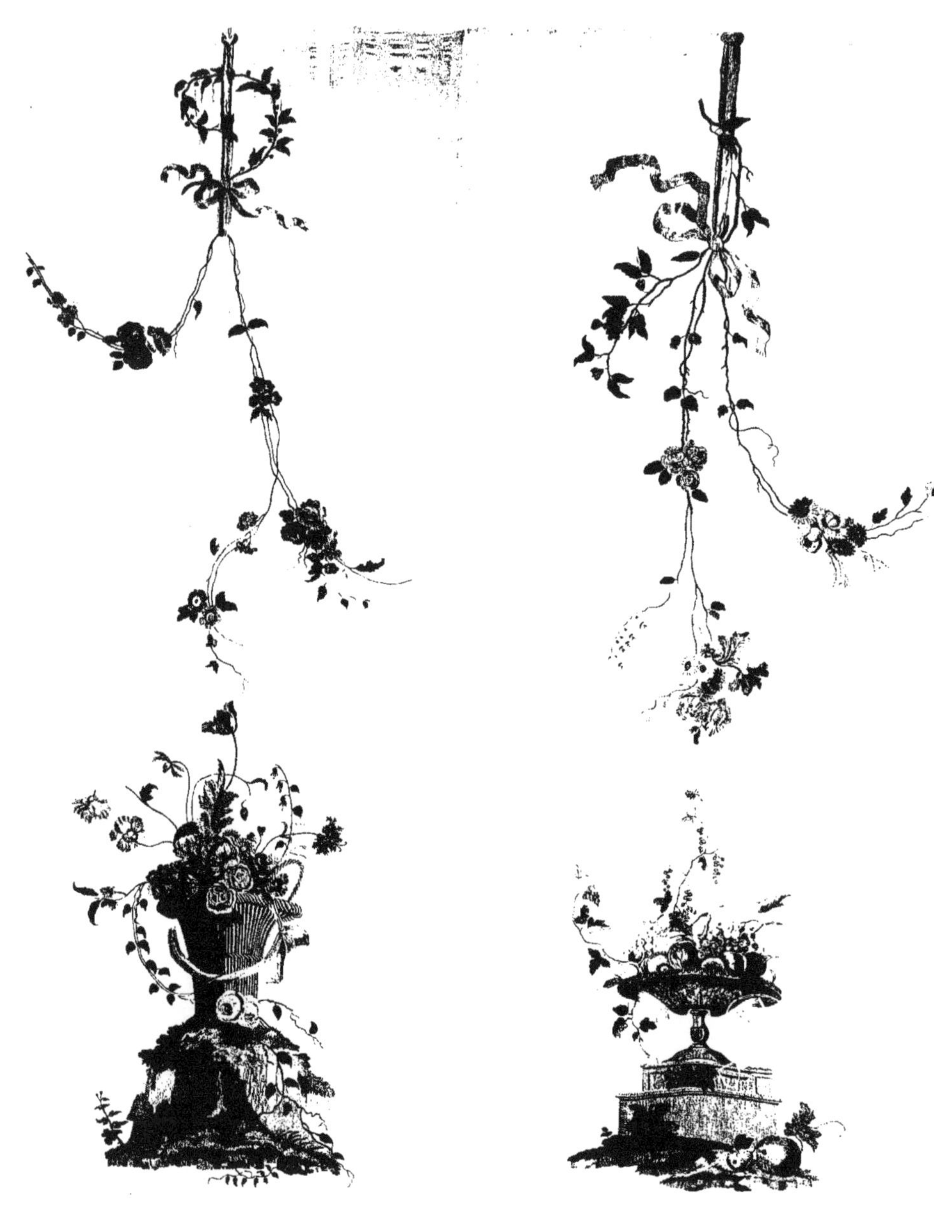

www.ingramcontent.com/pod-product-compliance
Ingram Content Group UK Ltd.
Pitfield, Milton Keynes, MK11 3LW, UK
UKHW020514180726
13839UKWH00005B/2073